QU'A-T-ON FAIT

DE

LA FRANCE

PAR N. PARISEAU

NANTES

IMP. CHARPENTIER — ÉD. VINCENT ET Cie

IMPRIMEUR-ÉDITEUR

Rue de la Fosse, 22 et 34

1877

SOUS PRESSE :

De l'État de la France à la chute du Premier Empire.

De l'État de la France à la chute de la Restauration.

QU'A-T-ON FAIT

DE LA FRANCE?

PAR N. PARISEAU.

PRIX : 20 CENTIMES.

CONDITIONS DE PROPAGANDE :

15 francs le cent.
130 francs le mille.

S'adresser à M. Édouard VINCENT, Imprimeur-Editeur, *rue de la Fosse, 32 et 34, à Nantes,* pour les demandes de 10 exemplaires et au-dessus.

Envoi *franco* pour toute demande affranchie et accompagnée de la valeur en timbres-poste.

Se vend également à Paris et dans les Departements chez tous les Libraires.

DE L'ÉTAT
DE
LA FRANCE

A la chute de la première République

(NOVEMBRE 1799)

DE L'ÉTAT

DE

LA FRANCE

A la chute de la première République

(NOVEMBRE 1799)

Du 21 septembre 1792 au 9 novembre 1799, la République a été maîtresse de la France. Elle a disposé, pendant ces sept années, de l'autorité la plus absolue, des moyens d'action les plus énergiques, des ressources les plus gigantesques. A quels résultats est-elle arrivée? A quelles conséquences a-t-elle abouti? *Qu'a-t-elle fait de la France?*

C'est ce que nous nous proposons de rechercher dans les pages qui vont suivre, froidement, sans parti pris, sans phrases. Nous écarterons tous les témoignages royalistes; nous n'admettrons, dans cette enquête, que des documents officiels, émanés des républicains eux-mêmes : après les avoir entendus, le lecteur prononcera.

I

La République a dévoré :

1° Les biens du clergé, estimés trois milliards (1);

2° Les biens des émigrés, estimés, déduction faite des dettes, trois milliards par le ministre des finances, le 1er février 1793 (2);

3° Les biens des personnes suspectes et ceux des condamnés à mort, dont un grand nombre ne fuıent envoyés à

---

(1) Leur produit net était de plus de *cent millions.*

(2) Prudhomme, *Révolutions de Paris,* t. XV, p. 315.

l'échafaud que pour alimenter le trésor *national.* « La République française, disait Barère, au nom du Comité de salut public, bat monnaie sur la place de la Révolution. »

4° Les innombrables objets d'or et d'argent, meubles, bijoux, etc., enlevés aux châteaux, aux monastères, aux églises ;

5° Les taxes sur les riches, levées par les députés en mission, par les commissaires de la Convention, par les Comités révolutionnaires, taxes dont le Comité de salut public lui-même ne put parvenir à connaître le chiffre, mais dont l'importance fut considérable. Strasbourg paya 12 millions, Rouen 10 millions ; à Bordeaux, trois négociants payèrent, à eux seuls, 2 millions (1).

(1) Voy. dans le *Moniteur* des 12, 13, 15 et 16 décembre 1794, le rapport de Cambon sur les taxes révolutionnaires et sur les violences dont elles furent l'occasion.

6° Quarante milliards d'assignats (1);

7° L'emprunt forcé d'un milliard, décrété le 19 mai 1793 (2);

8° Les emprunts de l'an III, de l'an IV, de l'an VI et de l'an VII. L'emprunt de l'an IV, à lui seul, montait à six cents millions;

9° Le produit de sept budgets annuels qui se sont élevés chacun, en moyenne, à 700 millions, — alors que le célèbre budget des dépenses de 1787, soumis à l'Assemblée des Notables, et objet de tant de griefs, était de 599,135,795 francs;

10° Les contributions de guerre, exigées en pays ennemi par les armées de la République et en particulier par

---

(1) L'émission des assignats fut fixée à 40 milliards le 1er décembre 1795. Ils cessèrent de circuler le 15 juillet 1796. — Voy. Prudhomme, *Histoire des Révolutions*, tome II, p. 29, 35, 57.

(2) Prudhomme, *Révolutions de Paris*, t. XVI, p. 407.

le général Bonaparte qui, non-seulement payait par ce moyen les dépenses de son armée, mais qui encore suppléait, à l'aide de ces ressources extraordinaires, aux besoins des autres armées et apportait même un à-compte passager aux dépenses publiques.

Que de merveilles n'auraient pas produites, entre des mains honnêtes et habiles, ces ressources prodigieuses, incalculables, telles qu'aucun gouvernement n'en eut jamais à sa disposition! Entre les mains des hommes d'Etat et des financiers de la Révolution, qu'ont-elles enfanté? **LA MISÈRE ET LA BANQUEROUTE!**

L'Assemblée Constituante avait rendu, le 17 juin 1789, un décret solennel qui mettait « les créanciers de l'Etat » sous la garde de l'honneur et de la » loyauté de la nation française. » — Le 30 septembre 1797, le Directoire fit banqueroute. Une loi fut rendue, aux termes de laquelle toute rente perpétuelle ou viagère, ainsi que toutes les autres dettes de l'État, anciennes ou nouvelles, liquidées ou à liquider, devaient être remboursées, savoir : deux tiers en bons au porteur, libellés dette publique mobilisée; *un tiers*, en une inscription au Grand-Livre de la dette publique. Les bons au porteur délivrés aux rentiers de l'État en remboursement des deux tiers de leurs créances avaient pour garantie la solvabilité du Trésor de la République. Là était précisément la banqueroute, car tout le monde savait bien que cette garantie était nulle. Aussi le jour où ils figurèrent pour la première fois sur la cote des fonds publics, le 10 janvier 1798, ces bons représentant *les deux tiers* de la dette furent-ils cotés à *2 livres 16 sous 3 deniers*, c'est-à-dire à *1 franc 8 sous 1 denier 1/2* pour cent francs [1]. En réalité, les rentiers furent dépouillés des deux tiers de leur fortune, et comme la dette perpétuelle, pour ne parler que de celle-là, était de 250 millions de rente, la banqueroute faite par le Directoire atteignit, de ce chef seulement, 166 millions de rente, représentant, au denier vingt, un capital de plus de *trois milliards*.

Une consolation restait aux rentiers : ils n'étaient pas les seuls à mourir de faim. Les fonctionnaires de l'État ne touchaient que de loin en loin leurs appointements.

Le conseiller d'État Fourcroy, envoyé en mission, au lendemain du dix-huit brumaire, dans les départements du Nord et du Pas-de-Calais, constate qu'il est dû aux juges de paix du Pas-de-Calais 55,000 francs pour arriéré de leurs émoluments [2]. Dans

[1] *Moniteur* du 11 janvier 1798.

[2] *L'État de la France au 18 brumaire*, par Félix Rocquain, p. 222.

les Alpes-Maritimes, le conseiller d'État François de Nantes enregistre le fait suivant : « Il est dû (à l'ingénieur) 16 mois de traitement. Le précédent ingénieur est mort de faim [1]. » On lit, dans une pétition adressée en thermidor an VII au Conseil des Cinq-Cents sur les hospices civils de Paris : « Vous êtes instruits, citoyens, de l'arriéré considérable des hospices ; nulle part les employés ne sont aussi malheureux que dans ces établissements, puisqu'on leur doit seize, dix-sept et dix-huit mois de leurs modiques émoluments. »

II.

Rien ne peint mieux d'ailleurs les *bienfaits* de cette révolution faite au

---

(1) *Ibid.*, p. 55.

nom de l'*Egalité* et de la *Fraternité*, que l'état des hôpitaux sous l'administration républicaine.

La Révolution n'avait pas supprimé les hôpitaux, mais elle avait vendu leurs biens et supprimé les congrégations religieuses qui versaient sur les plaies du malade le baume de leur charité.

Les conséquences ne tardèrent pas à se produire et elles furent horribles. Le 30 mai 1797, le citoyen Saint-Martin, membre du Comité des secours, s'exprimait ainsi au Conseil des Cinq-Cents : « J'invoque le témoignage de tous mes » collègues. Les établissements de cha» rité ont été expropriés de leurs biens. » L'assistance publique est devenue » une charge nationale. Qu'en est-il » résulté ? Qu'a-t-on vu ? Tous les » asiles du malheur détruits, toutes les » institutions de bienfaisance désorga» nisées, anéanties... »

— Le 31 août suivant, le citoyen

Delleville, député du Calvados, disait à son tour : « Ce sont les besoins des
» pauvres de toute la République qu'il
» faut envisager. Tous sont dans un
» état de souffrances inexprimables...
» On a trouvé fort commode de vendre
» les biens des hôpitaux. Qu'est-il
» arrivé ? Les malheureux sont restés
» sans ressources, sans consolations.
» Ils trouvaient autrefois des secours
» assurés dans ces maisons hospita-
» lières ; elles sont aujourd'hui dénuées
» de revenus, elles ont été dépouil-
» lées, et les pauvres meurent de be-
» soin. »

Les revenus des hospices de Paris se montaient, en 1790, à sept millions ; ces revenus n'étaient plus en l'an V, que de 7 à 8 cent mille livres, et les administrateurs du département de la Seine étaient réduits à déclarer, dans une pétition au Conseil des Cinq-Cents, « qu'il était de toute impossibilité de soutenir les hospices établis dans la

Commune de Paris [1]. » Cette impossibilité était telle que la France — la France du Directoire, — laissait mourir, faute de pain, quinze cents de ses enfants dans un hôpital de Paris [2] !

Le 17 frimaire an VI (7 décembre 1797), la Commission administrative des hospices du canton de Bordeaux adressait au Conseil des Cinq-Cents cette requête désespérée : « Les dix-» huit cents infortunés qui gémissent » dans les sept hospices de Bordeaux » et les cinq cents enfants de la patrie » qui sont confiés à nos soins vont » périr de faim et de misère si, au » même instant où vous recevrez ces » dernières expressions de notre déses-» poir, le Corps législatif n'ordonne

---

(1) *Pétition adressée au Conseil des Cinq-Cents, par les administrateurs du département de la Seine, sur l'insuffisance des revenus des hospices civils de Paris.* 26 brumaire an V.

(2) *La Politique Chrétienne*, juin 1797.

» pas qu'il sera pourvu à leurs pres-
» sants besoins par une somme fixe et
» déterminée dont le paiement ne pourra
» être retardé sous quelque prétexte
» que ce soit. » Et après des détails navrants que nous ne pouvons reproduire faute de place, la commission administrative terminait ainsi : « Ci-
» toyens Représentants, tout, oui, tout
» nous manque dans nos hospices. *Nous*
» *n'avons aucune espèce de moyen*
» *de nous procurer même du pain et*
» *des médicaments.* »

Si telle était la situation dans des villes comme Paris et Bordeaux, on devine assez ce qu'elle devait être dans les villes d'une moindre importance. Voici, par exemple, ce que l'administration municipale du canton de Bayeux (Calvados) écrivait au Corps législatif le 5 thermidor an VII (23 juillet 1799) : « Après avoir épuisé toutes les res-
» sources et tous les moyens que le
» plus pressant besoin et le zèle le plus

» ardent peuvent suggérer, vos hospices
» civils et d'humanité sont parvenus à
» un degré de dénûment tel que les
» malades et indigents n'y peuvent plus
» recevoir la plus légère portion des
» faibles secours qu'ils trouvaient dans
» ces asiles précieux et sacrés ; et nous
» avons la douloureuse et déchirante
» perspective de voir périr, faute de
» subsistance, les malheureux infor-
» tunés qui y sont réfugiés, si vous ne
» daignez promptement leur subve-
» nir. »

La situation des hospices militaires n'était pas moins navrante que celle des hospices civils, et le Directoire fut obligé de reconnaître dans le Message qu'il adressa au Conseil des Cinq-Cents, dans les derniers mois de 1796, qu'on était forcé de refuser au soldat malade les aliments nécessaires au rétablissement de sa santé.

Plus malheureuse encore, si c'est possible, était la situation des enfants recueillis dans les hôpitaux. Nous pourrions, ici encore, multiplier les exemples. Qu'il nous suffise d'en citer un seul, emprunté au Rapport de François de Nantes : « Ces enfants périssent presque tous. Sur six cent dix-huit enfants exposés en nourrice aux hospices de Marseille, il n'en a survécu que dix-huit. D'après les renseignements que j'ai pris, on peut établir pour règle générale que la mortalité des enfants nourris dans les hospices est au moins de 19/20. A Toulon, sur cent quatre enfants, il n'en a survécu que trois [1]. »

III.

Arrachons-nous à ces douloureux tableaux, et voyons si du moins nous

---

[1] Félix Rocquain, *op. cit.*, p. 33.

rencontrerons ailleurs quelques éléments de prospérité et de bien-être.

Le commerce et l'industrie sont dans une stagnation profonde.

Plus de commerce extérieur : la guerre générale l'a tué.

A l'intérieur, dix ans de révolutions, de guerres civiles, d'émeutes et de coups d'état, les réquisitions, le maximum, les emprunts forcés, la loi des otages, la banqueroute, ont tué les transactions.

Au commencement de 1796, une réunion des délégués du commerce français se tint à Paris. Le ministre Ramel leur adressa une pompeuse harangue et les félicita d'être placés au centre des communications des deux mondes. A ces belles phrases, les malheureux négociants répondirent par des faits : « Les effets de l'anarchie, dirent-
» ils, pèsen[illegible]ier sur le com-
» merce [illegible] se traîne [illegible]r ses ruines.
» Ses [illegible]pitaux sont [illegible]ipés ou en-

» fouis; ses ateliers sont fermés; ses » relations sont nulles (1). »

« Au dedans, » s'écriait le député Malès, à la tribune des Cinq-Cents, « que trouvez-vous dans ce temps de » défiance universelle et de discrédit? » Des fabriques dans l'inaction ou rui- » nées, des ateliers déserts, des hom- » mes industrieux, qui autrefois ha- » billaient nos armées, devenus agio- » teurs; d'autres, dont le génie rendait » les nations tributaires de la républi- » que, *mendiant* aujourd'hui, pour le » soutien de leur précaire existence, » des places aux barrières ou dans de » tristes bureaux. » Enfin, le Directoire lui-même était réduit à adresser au corps législateur ce suprême appel:

« Le Directoire est persuadé qu'un » des plus puissants moyens de fixer

---

(1) Sir Francis d'Yvernoy, Tableau des pertes causées par la révolution, t. II, p. 8.

» la tranquillité intérieure, est d'acti-
» ver au dedans tous les bras qui ne
» défendent pas notre indépendance au
» dehors..... *Il ne s'agit point d'en-*
» *courager la perfection des pro-*
» *duits, mais l'emploi des bras,*
» *quels que soient les produits.* Ac-
» tiver par le travail la subsistance
» des citoyens; activer les travaux qui
» alimentent la classe la plus intéres-
» sante de la société, et *dont la sta-*
» *gnation réduit tant de pères de*
» *familles aux horreurs de la mi-*
» *sère :* Tel est, citoyens, représen-
» tants, le *problème* que vous avez à
» résoudre et sur lequel le Directoire
» appelle toute votre sollicitude. »

Quelques détails sont ici nécessaires pour montrer l'étendue et la profondeur du mal.

Les *Petites Affiches* de 1795 et de 1796 sont pleines d'avis indiquant les maisons de Paris qui prêtaient à *quatre pour cent par mois, sur gages.*

En 1799, cet état de choses avait encore empiré, et le bureau central le signalait au ministre de l'intérieur dans les termes suivants : « Un peuple acca-
» blé de misère, manquant de travaux,
» et privé des ressources nécessaires à
» la vie, cède enfin à l'impérieuse loi
» de la nécessité, sacrifie tout à ses be-
» soins, et se jette dans les bras des
» prêteurs sur gages..... Ils exercent
» les plus grands ravages en France,
» surtout dans le commerce de Paris.
» Une foule immense de malheureux,
» sans travail et mourant de faim, ont
» emprunté de l'argent sur des effets
» qui étaient nécessaires à eux et à
» leurs familles..... Les maisons parti-
» culières leur ont prêté à *trois*, *qua-*
» *tre* et *cinq pour cent par mois*, in-
» térêt énorme et qui avait été sans
» exemple jusqu'à présent. Ces maisons
» de prêt ne doivent leur existence
» qu'aux circonstances particulières
» dans lesquelles la France se trouve

» *depuis environ dix ans* (1). » Et que l'on ne croie pas qu'au-dessus de *la foule immense de malheureux*, réduits à ces lamentables extrémités, il y eut des commerçants placés dans une situation tolérable. Le bon papier des négociants de Paris, à très-courte échéance, s'escomptait à un et demi, deux et même trois pour cent *par mois* (2). Après le coup d'Etat du 18 fructidor, les escomptes du bon papier de Paris s'élevèrent, sur la place même, à *cinq pour cent par mois* (3).

La situation commerciale de Paris sous le Directoire se trouve, au surplus, admirablement résumée dans une simple ligne, que nous empruntons à un document officiel, au *Ta-*

---

(1) *Des causes qui ont amené l'usurpation du général Bonaparte*, p. 79.

(2) Sir Francis d'Ivernoy, *op. cit.*, t. Ier, p. 251.

(3) Du 18 fructidor, de ses causes et de ses effets, p. 205.

bleau de la situation du département de la Seine, présenté en prairial an VII (juin 1799), au ministre de l'*intérieur par le commissaire du pouvoir exécutif près l'administration du dit département.*

Voici cette ligne, singulièrement éloquente dans sa brièveté :

COMMERCE. *Point de commerce et beaucoup de faillites* [1].

A Lyon, où la fabrication des étoffes de soie employait, en 1788, neuf mille trois cent trente-cinq métiers, trois mille seulement s'étaient relevés en 1798 [2]. Les fabriques de Bédouin avaient été incendiées ; celles d'Avignon, de Tours et d'Orléans avaient disparu, et le *Moniteur* du 12 septembre 1798 constate que les produc-

---

[1] Tableaux de la Révolution française, publiés par Adolphe Schmidt, t. III, p. 389.

[2] Sir Francis d'Ivernoy, *op. cit.*, t. I, p. 301.

teurs de soies ne pouvant la faire travailler en France, la vendaient aux fabricants de Berlin.

Dans le Rapport que j'ai déjà eu occasion de citer, le conseiller d'État François de Nantes mettait sous les yeux du premier Consul l'état des importations et des exportations du port de Marseille durant les six derniers mois de l'an IX, et il ajoutait : « Il ne » présente pas un mouvement égal *à* » *celui qu'offraient autrefois quinze* » *jours de paix* (1). » — Qu'eût-il donc dit en l'an VII ou en l'an VIII, avant le réveil que le Consulat imprima aux affaires? Nul doute qu'il n'eût été réduit à écrire : « Le mouvement commercial de Marseille ne présente pas, dans une période de six mois, un mouvement égal à celui qu'offraient autrefois huit jours de paix. »

« Dans toute la France, a dit M.

---

(1) Félix Rocquain, *op. cit.*, p. 44.

Félix Rocquain, qui a eu sous les yeux tous les Rapports des conseillers d'Etat, chargés d'une enquête sur la situation de la République, dans toute la France, la situation était la même. Dans le Calvados, par exemple, le commerce de dentelles, ressource presque unique de Caen, de Bayeux, de Honfleur, et d'autres localités, était totalement perdu; il l'était aussi dans l'Orne, à Argentan, à Alençon, et, dans le département du Nord, à Valenciennes. Des branches de commerce qui, par leur objet, semblaient répondre à un besoin plus réel, n'étaient pas moins paralysées. Dans l'Eure, les manufactures de draps de Louviers, en Bretagne les manufactures de toiles étaient entièrement tombées. Dans la Charente, les fabriques de papier l'étaient également.... Une cause, non assez remarquée, de la stagnation des affaires, était le peu de moralité des négociants. Voyant l'Etat manquer à ses engagements, ils se croyaient par cet exemple le droit de manquer aux leurs, et n'avaient nul scrupule à faire banqueroute [1]..... Sur les côtes de Bretagne, où les habitants vivaient des produits de la mer et du négoce maritime, la ruine de la navigation et la cessation des pêcheries avaient amené une détresse générale. A Port-Brieux, Port-Malo [2], et sur la côte du Nord, pépinière de nos meilleurs matelots, on ne voyait plus qu'une population oisive et offrant les signes du plus triste dénûment. Lorient, qu'enrichissaient autrefois l'Amérique et l'Asie, présentait un aspect analogue. Les commerçants qui de là envoyaient des navires aux deux Indes, étaient alors réduits

---

(1) Adolphe Schmidt, t. III, p. 360, 383, 389.

(2) La République avait ainsi débaptisé, en les ruinant, Saint-Brieuc, Saint-Malo, et cent autres villes.

à un petit trafic de détail qui suffisait à peine à soutenir leurs familles [1]. »

Complétons ce paragraphe par un dernier témoignage, emprunté aux comptes-rendus qu'adressèrent, en l'an VII, au Ministre de l'Intérieur, les Commissaires du Directoire exécutif près les administrations centrales des départements. Ils s'accordent *tous* à signaler au gouvernement « *une mi-* » *sère publique parvenue à son der-* » *nier terme,* qui paraît fournir la » plus dangereuse occasion à tous les » malveillants pour affaiblir l'esprit » public dans la classe indigente, en » retirant à celle-ci tous les moyens de » subsister par *une privation abso-* » *lue du travail.* »

---

[1] Félix Rocquain, *op. cit., Introduction.*

IV.

La situation de l'Agriculture était-elle moins navrante que celle du Commerce et de l'Industrie?

La Convention nationale avait décrété une *Fête de l'Agriculture;* mais cette médaille avait un revers. La République, tout en fêtant l'Agriculture, jetait les agriculteurs en prison, si bien qu'au mois de messidor an II, à l'époque de la moisson, la Convention s'aperçut que la récolte ne pourrait pas se faire faute de bras, et qu'il fallut rendre un décret mettant *en liberté provisoire « les laboureurs, manouvriers, moissonneurs,* brassiers et artisans de profession des campagnes, bourgs ou communes, dont la population est au-dessous de douze cents habitants, et qui se trouvent *détenus comme suspects* (1). »

L'agriculture a dans le sol de trop profondes racines pour pouvoir disparaître : elle subsista donc, malgré la terreur, malgré le *maximum*; et lorsque sonna, en 1799, la dernière heure de la République, elle vivait encore, mais de quelle vie misérable!

Elle souffrait tout particulièrement du mauvais état des voies de communication. Les grandes routes étaient dans un état de dégradation complète; partout les ponts brisés, les garde-fous renversés, les levées éboulées, les voitures obligées à chaque instant de quitter la route entièrement défoncée, et de traverser les terres labourées sur un espace de plusieurs centaines de mètres. Si le gouvernement ne faisait rien pour l'entretien des grandes routes, il

---

(1) Décret du 21 messidor an II (9 juillet 1794), art. 1er.

se préoccupait moins encore, si c'est possible, des chemins vicinaux, et ces derniers étaient, pour la plupart, devenus impraticables (1).

Le Directoire lui-même était obligé de publier que l'état de délabrement des routes interrompait les communications et tarissait une des sources principales de la prospérité nationale (2).

Que pouvaient d'ailleurs devenir les campagnes lorsque sur tous les points du territoire de la République, les vols, les brigandages, les assassinats se multipliaient et restaient impunis? « Les » vols, disait le citoyen Richard, à la » tribune du Conseil des Cinq-Cents, » au mois de février 1797, les vols, » les brigandages et les assassinats » se multiplient d'une manière ef- » frayante dans tous les départements

---

(1) Félix Rocquain, *op. cit.*, p. 311.
(2) Lettre du Directoire au Ministre des Finances, 24 juillet 1797.

» de la République. Les courriers sont » arrêtés, les voyageurs sont dépouil» lés, les habitants des maisons iso» lées sont égorgés ; toutes les routes » sont interceptées par des bandes nom» breuses de bandits. Parmi les causes » qui concourent à cet état affligeant » de notre police intérieure, on ne » peut se dissimuler que la cessation » presque absolue du service de la » Gendarmerie Nationale ne tienne le » premier rang. » — Le citoyen Jard-Panvilliers, député des Deux-Sèvres, constatait, de son côté, que « toutes » les autorités constituées réclamaient » contre l'insuffisance de la Gendar» merie actuelle, et que l'augmenta» tion devenait de plus en plus néces» saire, depuis que tous les Départe» ments étaient infestés de vagabonds » ou d'étrangers, qui ne respiraient » que le meurtre et le pillage. »

Le Directoire ne payait pas plus les gendarmes que les juges-de-paix, et c'est encore un orateur du Conseil des Cinq-Cents qui va nous apprendre quelle situation était faite à ces braves et malheureux agents de la force publique. « Pour nourrir leurs chevaux, » pour les entretenir, disait le député » Desmolins, dans la séance du 26 sep- » tembre 1796, les gendarmes de Lec- » toure ont vendu leurs effets, et ils » ont été réduits à faire pacager leurs » chevaux dans les prés... Toutes les » ressources leur ayant enfin manqué, » ils ont été forcés de *vendre leurs* » *chevaux*, en sorte que la Brigade de » Lectoure est actuellement *à pied*. » Que dis-je ! privés de toutes ressour- » ces, ils ont *abandonné le service* » *et se sont retirés*. Il ne reste que le » Brigadier qui fait le service *seul et* » *à pied*. »

Il en était ainsi dans la France entière, et, quelques jours après avoir entendu le discours de Desmolins, le Conseil des Cinq-Cents recevait une

dépêche de l'Accusateur public du département du Pas-de-Calais, lui annonçant : « que 40 brigands armés se
» sont introduits pendant la nuit (du
» 25 au 26 octobre 1796), dans la maison
» du Représentant du peuple Bollet,
» qu'ils l'ont pillée et dévastée, et qu'ils
» ont blessé mortellement d'un coup de
» poignard dans le sein, le Représen-
» tant lui-même. » L'Accusateur public ajoutait : « Voilà le dixième attentat
» de ce genre, commis depuis peu dans
» ce département, et sur la lisière de
» celui du Nord. *J'ignore où en sera*
» *le terme, n'ayant aucun moyen de*
» *répression à opposer aux brigands.*
» *La gendarmerie, mal organisée,*
» *mal composée, manquant d'armes*
» *et de chevaux,* est incapable de faire
» le service. La loi du 10 Vendémiaire,
» sur la police, n'est exécutée nulle
» part, et les officiers de sûreté et
» les Tribunaux sont abandonnés à
» eux-mêmes..... Le découragement

» des fonctionnaires publics est à son » comble. »

Dans la séance du 3 novembre suivant, un député appelait de nouveau, sur la gravité de la situation, la sollicitude de ses collègues. « Le vrai, disait-il, c'est que, depuis plusieurs » mois, quelques départements sont en » proie à une horde de deux à trois » cents brigands, qui parcourent par » bandes les campagnes et commettent » tous les crimes dont ils sont capables, » ces hommes, appelés *chauffeurs*, sont » un composé d'individus qui, n'ayant » aucun frein, ont abandonné leurs » travaux pour se livrer à tous les » excès du brigandage : ils s'introduisent chez le paisible cultivateur, » le lient, lui et tous ceux qui composent la maison, *allument un grand* » *feu et leur font griller les pieds et* » *les jambes, jusqu'à ce qu'ils aient* » *déclaré le lieu où se trouvent renfermés leur argent et leurs effets*

» *précieux.* Tels sont les actes de bar-
» barie dont se rendent coupables ces
» brigands. *Leur audace s'accroît par*
» *l'impunité.* »

Les bandes d'assassins qui infestaient les départements, ne craignaient pas de menacer la Capitale elle-même, et le *Moniteur* du 17 novembre 1797 contenait une proclamation qui commençait par ces mots : « L'Administration
» centrale du Département de la Seine,
» informée que des brigands armés par-
» courent les campagnes de son arron-
» dissement, s'introduisent avec audace
» jusque dans l'asile des citoyens, pillent
» les propriétés, et commettent journel-
» lement d'horribles assassinats, etc.,
» etc. »

Etait-ce tout? Non. L'incurie du Gouvernement était telle, si grande était la désorganisation, l'abandon et la barbarie, que les bêtes fauves se multipliaient à l'infini, envahissant les campagnes et les dévastant. « Il a été

» détruit pendant l'année dernière » (1797), disait le député d'Aubermesnil, cinq mille trois cent cinquante et un loups. Malgré cette destruction, les ravages se renouvellent, » les accidents se succèdent, les plaintes » se multiplient ([1]). »

Le mal avait pris des proportions si considérables que le Directoire adressait au Conseil des Cinq-Cents un Message « contre le plus redoutable ennemi des campagnes, les loups, qui » se sont multipliés depuis la guerre. » Une funeste expérience nous apprend, ajoutait-il, que l'espèce humaine et surtout les femmes et les » enfants, sont aussi la proie de cet » animal féroce, qui, ayant une fois » goûté leur chair, semble lui donner » la préférence. »

Nous n'ajouterons rien à ce dernier trait. Nous ne pousserons pas plus loin

---

([1]) *Moniteur* du 28 septembre 1798.

l'esquisse de ces temps affreux, où la France semblait revenue à l'état sauvage.

Ainsi que nous l'avons dit en commençant, nous laisserons au lecteur le soin de tirer lui-même les conclusions de notre travail. Il est sans doute bien incomplet; nous n'avons rien dit de la dégradation des mœurs, de la licence des écrits, de cette démoralisation effrénée dont le Directoire avait donné le signal et l'exemple. Un volume ne suffirait pas à retracer ce tableau, et nous n'avions que quelques pages. Si incomplètes qu'elles soient, peut-être cependant suffiront-elles à faire voir ce que la première République *avait fait de la France*, et combien disait vrai M. Thiers, bien inspiré ce jour-là, lorsqu'il l'a montrée marquée au front de ce double signe : le **SANG** et **L'IMBÉCILLITÉ!**

890 — Anc. Imp. Charpentier. — Ed. Vincent et Cie, Nantes.

www.ingramcontent.com/pod-product-compliance
Ingram Content Group UK Ltd.
Pitfield, Milton Keynes, MK11 3LW, UK
UKHW020221200726
13856UKWH00004B/1535